ポスティングバイト芸人

目次

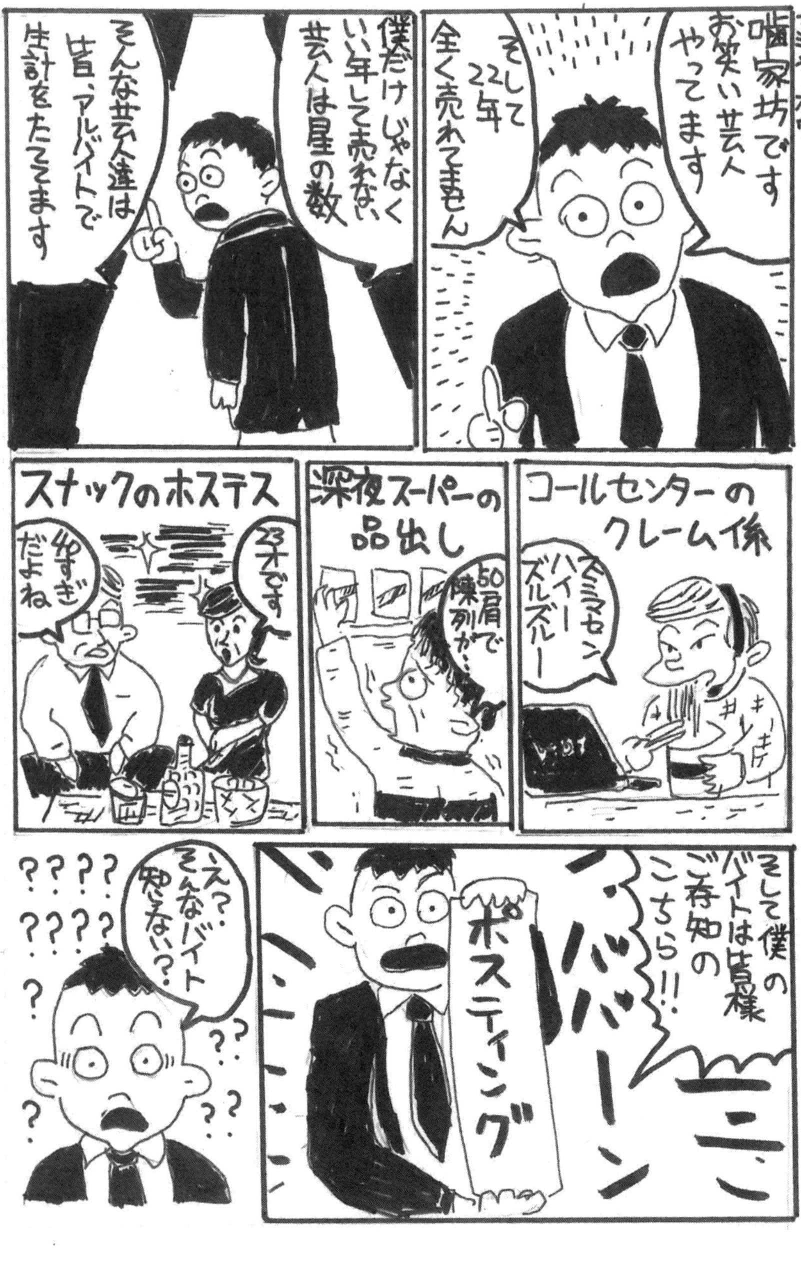

闇家坊《ヤミヤボウ》です
お笑い芸人やってます
そして22年全く売れてません
僕だけじゃなくいい年して売れない芸人は星の数
そんな芸人達は皆、アルバイトで生計をたててます
コールセンターのクレーム係
スミマセン ハイー ズルズルー
深夜スーパーの品出し
50肩で陳列が…
スナックのホステス
23才です
40すぎだよね
そして僕のバイトは皆様ご存知のこちら!!
ポスティング
バババーン
え?そんなバイト知らない?

ポスティングとは一体？
POST
チラシを街中のポストに投函する仕事です
チラシはピザだったりマンションだったり・・・・
何時でも配りきればOKなのでケイコとかある人には都合がいいんです
ピザ
PIZZA 50%OFF
日当り良好!!
5000万
で、いくら稼げるの？
時給のトコもありますがだいたいは配った枚数にかけるいくらで金額は・・・
1枚だと2円
2種のチラシを同時に配ると2円75銭
3種同時だと3円25銭
今日び銭って・・・

配る人で一日15000円ぐらい
3種4000枚
配れない人で一日2000円
1種1000枚
僕は12時間で15000円ぐらいです
芸人としてのギャラが月400円
足らない分をポスティングでおぎなうつまり・・・
バババーン
22年ポスティングで生きてきた
ひー芸人そして欺詐
ゲエエエエ
そんな22年のポスティングバイト人生の僕がポスティングにまつわる
悲喜こもごもをマンガでご紹介いたします!!!最後まで何卒おつきあいを!!
キョキョン

マンションの管理人の話
マンションでポスティングしてると管理人に注意されるんです
××マンション
なので配る前に管理人に許可をもらいに行くんです…
チラシダメって言われないように出来るだけ好印象な笑顔で
ニコニコ
口角45度 気分は韓流スター ニコニコの貴公子
キラ キラ
世間的にはおっさんの卑屈な笑顔
だけどなかなか上手くいかず
ニコニコ
チラシダメー
受付
うちのマンションチラシNGなんだよね
そーですかわかりました

※不適切な言葉は消してあります

※不適切な言葉は消してあります

かと思えば いい人も いまして
管理会社からは ダメって言われてるけど お宅も仕事だしねー 自分がいない時なら 入室もいいけどねー
そうですか わかりました ーー
あ、ちょっと 待ってて くれる?
はい ?
そう言うと 奥から バケツとモップを 持ってきて
外のゴミ置場の 掃除するの 忘れてたねー
それじゃ 行かなくちゃ いけないから
粋な はからい!!
パチリ
わざと用事を作って 席を外してくれる人 もいれば……

真夏の暑い日・・・・
熱中症には気をつけなさいよー
と お菓子をくれる人・・・
菓子の
ふーちん
ふ菓子・・・・ うれしいけど 水分もってかれて 逆に熱中症になりそう
変わった所だと ジャンケンで勝ったら チラシ入れていいと いう管理人
ポン
負けた!!!
でも 可哀そう だから チラシ入れて いいよ
ど…どうも
ジャンケンの 意味は?
そのマンションに この間 久しぶりに行ったら
ババ抜き で勝ったら チラシ入れて いいよ
なんか グレードアップ してるんです けど!!!
カードかよ!!

さあ、さあ
ジョーカーは
どっちかなー？
ポスティングしてると
色んな管理人がいて
イヤな奴もいれば
いい人もいて
じゃ
こっち
うわー!!!
ジョーカー!!
JOKER
たまに変わった人
もいる
色々な
出会いが…
ベロベロバ〜
ハイ
お宅の
負けー
ひぃーー!!
そんな出会いが
嫌かっていうと
嫌じゃないんです…
だから今でも
ポスティングを
続けられてるのかも…
可哀そうだから
チラシ入れて
いいよ
!?
でしょうね…

本当は
花礼やりたいけど……
さすがたマンションの
入口では
ダメでしょ

ポストあれこれの話
ルールがありまして この手の貼り紙が してあるポストには チラシは入れない事
チラシお断り
ポスティング禁止
罰金1万円とか
それでも無視して入れる輩もいるみたいですが…
そんな輩にチラシ入れさせないよう貼り紙にも色々パターンありまして
地球の為 ムダなチラシをへらそう!! チラシお断り
エコロジーパターン
ちょっと待て チラシいらない このポスト
川柳パターン
ちらしわ いれないでね♡
子供が書いたパターン
お願いです ポストにチラシを入れないで下さい どうか このポストだけは お見逃し下さい
お願いです お代官様～～パターン

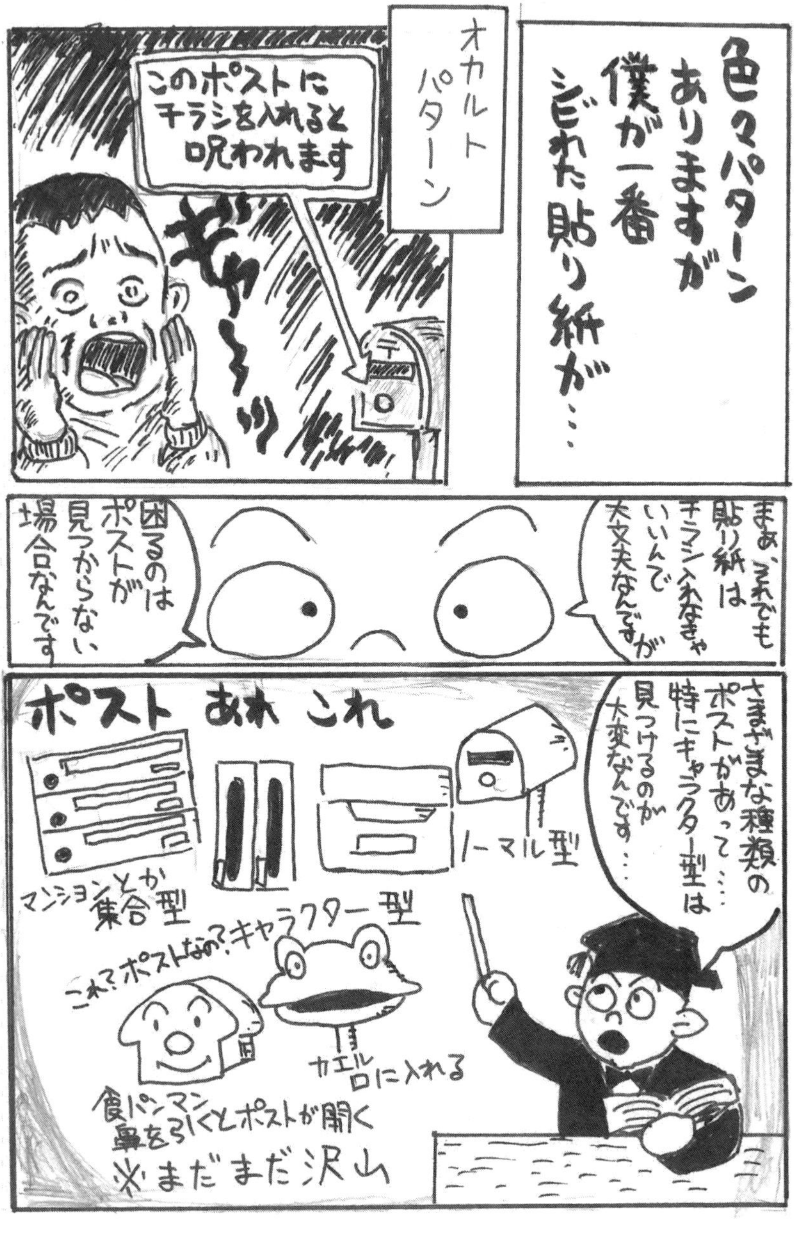
色々パターンありますが
僕が一番
シビれた貼り紙が・・・
オカルトパターン
このポストにチラシを入れると呪われます
ぎゃ〜〜っ
まあ、それでも貼り紙はチラシ入れなきゃいいんで大丈夫なんですが
困るのはポストが見つからない場合なんです
さまざまな種類のポストがあって・・・特にキャラクター型は見つけるのが大変なんです・・・
ポスト あれ これ
マンションとか集合型
ノーマル型
キャラクター型
これ?ポストなの?
カエル 口に入れる
食パンマン 鼻を引くとポストが開く
※まだまだ沢山

ポストが見つからない
杉並区某所…
ずううううううううん
うわー!! 家のまわりを やたら彫刻が 囲んでる!! ヤバそうな家だな!!
うーん 彫刻ばっかで ポストが 見当らない
チラシくばり?・ この家 ポスト わかりづらくて ねー
親切な 郵便局の人
そーなん ですか?・
ここ、 口のトコ
真実の口型
わかり づらすぎる だろー!!
手入れたら ぬけなくなりそう

ポストが見つからない
世田谷区某所…
高級住宅街にゴミ屋敷が!!
家の外までゴミが…ポストなんてあるのかな?
ゴチャラ ゴチャラ
あっ!! 牛乳パックの空パックの後ろにポストが!!!
牛乳パックの山に埋もれてる型
からの….
貼り紙パターン
チラシ入れるな!! ゴミになる!!
ギャ〜ッ
ゴミの定義って一体!?

ポストは見つかれど
中野区某所
おじちゃん
こっちのポストに
入れて
手作り型
僕の作った
ポストに
入れて
ぽすと
この家の子か
はい
どうぞ
ありがとう
ぽすと
どう
いたしまして
牛乳パックで
作ったポスト…
牛乳パックに埋もれた
ポストとは
えらい違いだ…

チラシお断り

チラシを入れてほしくないポストには貼り紙がしてあります。一番多いのは普通に「**チラシお断り**」というもの。僕はこのように貼り紙をしてるポストにはチラシを入れないんですが、ポスティングする人の中にはおかまいなしで入れる輩もいまして。そうなってくると、チラシを入れさせないように色々なパターンの貼り紙になってきます。

例えば**丁寧に仕事をねぎらうタイプ**。ポスティングの仕事大変ですよねー。頑張ってくださいねー。ほら、こんだけ下手《したて》にでてるんですからチラシ入れないでよねー。

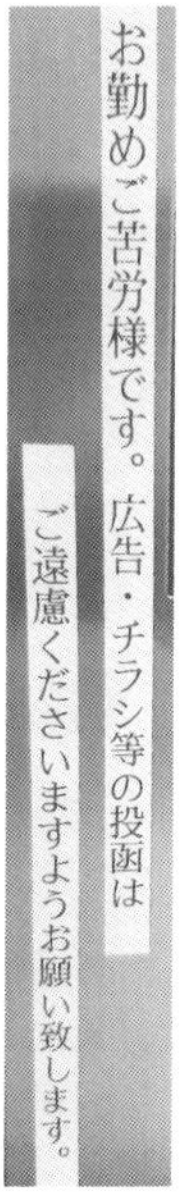
お勤めご苦労様です。広告・チラシ等の投函は
ご遠慮くださいますようお願い致します。

他には**文面は普通だけどさりげなくドクロマークで威嚇してくるタイプ**。ドクロのテンプレートって何なのよ。でも、ちょっとワンピースみたいでポップではある。

こんだけ言ってもチラシ入れるのか！

ポスティングは一切
お断りいたします
601

それならばこっちにもやり方がある！ってのが、**呪いに走るタイプ**。

このポストにチラシを入れると、呪いが、、

チラシは入れられなくていいのかもしれないけれど、近所の反応はどーなんだろう？

続いて、もう色々貼り紙やっても効果なかったんでしょうか？貼り紙でわかんないやつらにはこれだ！**直接ポストに書いちゃうタイプ**。この波状した文面に自暴自棄の狂気を感じる。

ちらし,ノー
ちらし,ノー
ちらし,ノー
ちらし,ノー

などなど、色々チラシお断りの文面がありますが、**一番効果があるのはどれなの？**っていうと。

　さすがに罰金とられてまでポスティングする輩もいないでしょう。

チラシ配り厳禁
罰金一万円
許可無くチラシなど配られた場合ご連絡の上一万円申し受けます。

まあ、最初にも言いましたけど普通は貼り紙してるポストにはチラシ入れないですけどね。

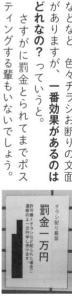

ポスティング仲間の話
朝、会社にくばるチラシをとりに行くと仲間達もいまして、、、、
100人ぐらい働いてる仲間がいるんですが…僕を含め、…
おっさんしかいません!!!
POSTING

服装は自由なんで様々…紹介します
おっさんポスティングスタイルコレクション
まずは定番場外馬券場にいそうなスタイル!!
何故かDJ hondaの帽子
やたらポケット多いベスト
しまむらのチェックのシャツ
ディスカウントストアで売ってるリュック
やたらポケット多い作業ズボン
続いてドンキで買ったニセエグザイルジャージスタイル
なんかクロス
なんか数字
そして最近ふえてきたウーバーイーツみたいなスポーツスタイル
ウエアー（ノースフェースじゃなくワークマンプラス）
スマホホルダー
レギンス
蛍光色のスニーカー
ファッションは様々でも、人間的に共通してる事が…
独りで作業するポスティングの仕事をやってるおっさんは皆…
対人関係が苦手……
そして人間嫌い……

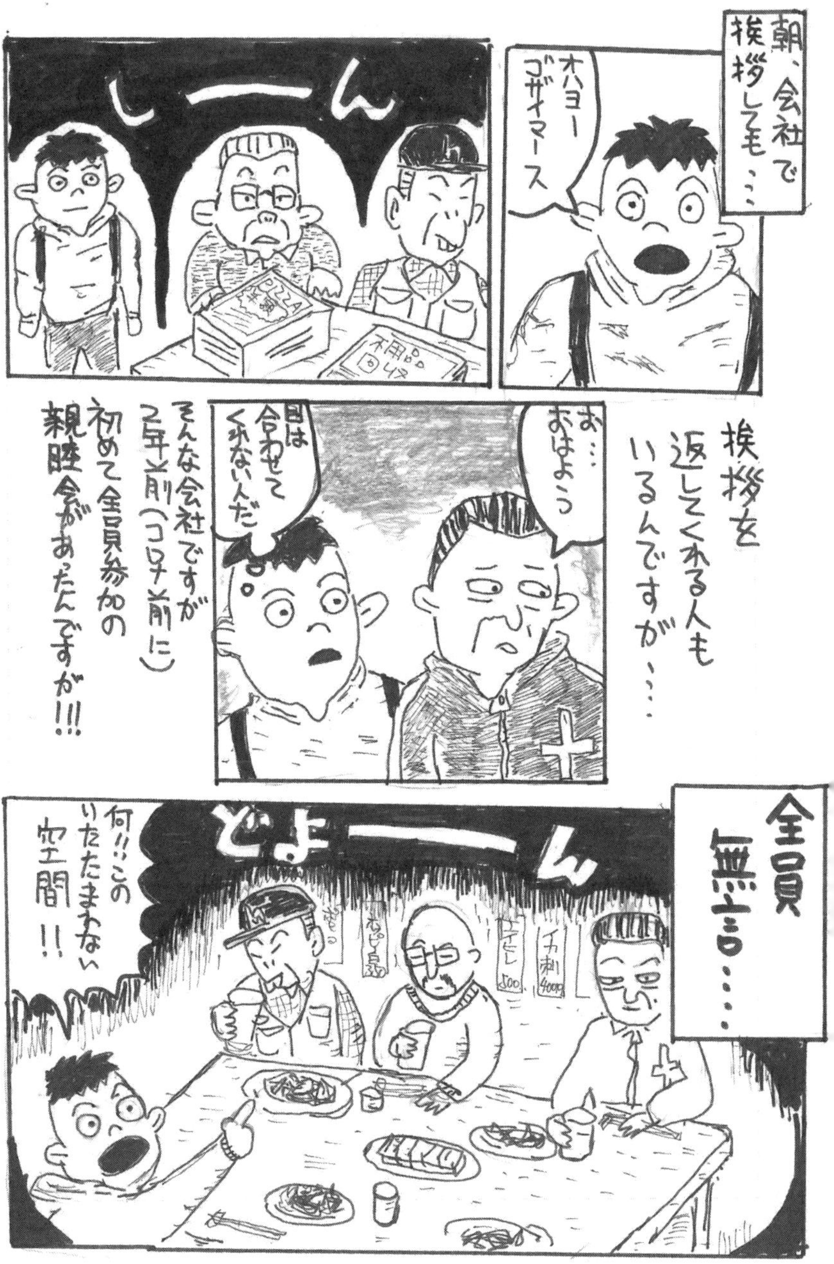
朝、会社で挨拶しても・・・
オハヨーゴザイマース
しーーん
挨拶を返してくれる人もいるんですが・・・
お・・・おはよう
目は合わせてくれないんだ
そんな会社ですが2年前(コロナ前に)初めて全員参加の親睦会があったんですが!!!
全員無言・・・・
どよーーん
何!!この いたたまれない 空間!!

無言のまま一時間・・・
酒がすすむと
ようやく喋り出して
スーパードライ生
兄ちゃん あそこのポストは分かりづらいなぁー
そーなんですか?
ダッカルビ 700
冷奴 380
マグロブツ 480
自分は一日に4000枚ぐらいですかねー?
そんなにくばってるの?
喋り出したらすぐにポスティングの話で意気投合
ポスティングに乾杯♪
初めて見るおっさん達の笑顔
皆、人間嫌いじゃなくシャイなだけなんだ
トゥーシャイ シャイおっさんなんだな・・
そして会はおひらきに
明日もがんばろー
おー!!
みんなと打ちとけていい会だったなー

皆、楽しく飲んで仲良くなった次の日の朝
オハヨーゴザイマース
昨日は楽しかったですねー
いつもと変わらない人間嫌いのおっさん達がいるのでした・・・・
しーーん

沢山ある
ポケットに
何入れてるんです？
ひみつ…

不正、ダメゼッタイの話

ポスティング一人でチラシくばるんでサボり放題と思われるかもですが…
サボらないようにぬきうちでチェックマンが尾行して監視するんです…
あら…やだ…
市原悦子みたいに
さらにそのチェックマンがサボらないか監視するチェックマンが…
あら…やだ…
何なのこれ!? わかりづらい例えするけどファミコングラディウスのオプションか!!
こんなの…

そしてポスティング終わると
電柱のカゲから出てきて
評価を
丁寧さA
くばるスピードA
総合評価
A
どーも…
それ以外に
重大な仕事として
不正をする不届き者
をとりしまる仕事が
成敗
ごくまれにですが
チラシを配ったフリして
捨てる悪い奴が
いるんです・・・
チラシは
クライアントから
託された商品!!
チラシを捨てた者には
多額の罰金の刑
キラーン
ごもっとも
捨てられた
チラシは
一枚残らず
回収!!
草むらに
バラまかれた
チラシ200枚!!
回収が大変だった
のは、
チラシをコンクリート
で固められて
東京湾に沈め
られた時だなー
ドラマで見る
死体の
捨て方!!

不正者は現行犯で捕まる・・・
出来心なんです 見逃してー
ダメー 14時5分 草ムラにチラシ捨てました
すぐ会社に連絡 いかなる場合でも感情的にならず冷静に仕事をこなす・・・
そんなクールなチェックマンも東京湾の時は
つい出来心で・・・
出来心でチラシコンクリ詰めしねーだろ!!
流石にツッコんだという・・・
ビシーッ!!
チラシに対する心 Z
仕事への熱意 Z
総合評価 ゼットオオオ!!
ゼェエエエェットオオオ!!
一応評価はするんですね・・・
ゼットオオオ 水木一郎か・・・

ま、そんな悪い奴は
ごくまれで……
皆ちゃんと
ポスティングしてます
そーだ!! そーだ!
最近は
さらに
GPSでも
チェック・・・
OK!!
なので、クライアントの
皆様
安心して
ポスティングのご依頼
おまちしてまーす
仕事ちょーだーい!!

張り込みの刑事かよ
スクール
文
ゾーン

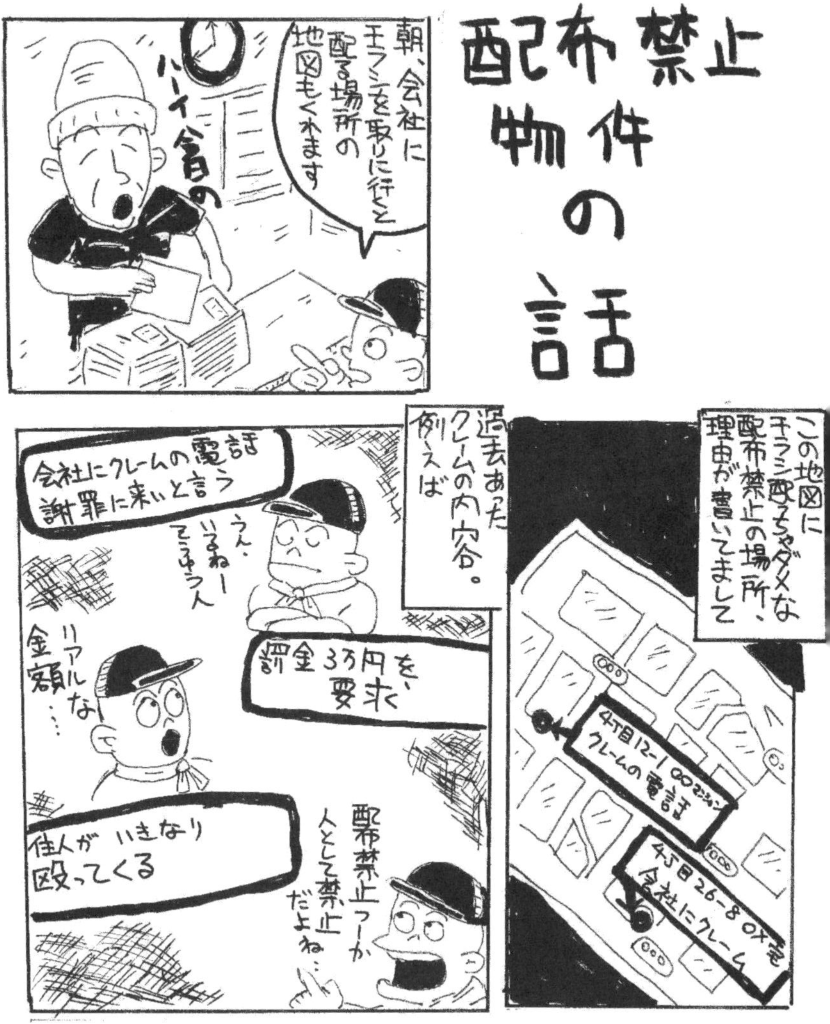
配布禁止物件の話
朝、会社にチラシを取りに行くと配る場所の地図もくれます
ハーイ會の
この地図にチラシ配っちゃダメな配布禁止の場所、理由が書いてまして
4丁目12-1 ○○マンション クレームの電話
4丁目26-8 ○×宅 会社にクレーム
過去あったクレームの内容。例えば
会社にクレームの電話 謝罪に来いと言う
うん、いるねーそうゆう人
罰金3万円を要求
リアルな金額…
住人がいきなり殴ってくる
配布禁止っつーか人として禁止だよね…

他にもシビレる内容のヤツが・・・・・・
こちら・・・
ヤクザ事務所
殺されます
ヒィ～～!!!
住人が呪術を使い呪いをかけてくる
オカルト～!!
たまにこんなパターンも・・・
4丁目10-1
行けば分かる
行けば分かるってイノキじゃないんだからさー
スグここだ!!って分かるもんかね?
テクテク
テクテク
行けば分かった・・・・
家にイタズラセスルナ
スイ眠ボウガイスルナ
マシン攻撃オコトワリ
人間プロジェクト
ここだ!!
電波貼り紙だらけ・・・配布とかじゃなく近づきたくない・・・

地図があっても禁止たチラシ入れちゃう奴はいるもんで・・・
僕は入れませんけど・・・
その時はすぐに会社のクレーム係が謝罪、謝罪、とにかく謝罪!!!
スミマセン
謝罪で一番大変だったのはヤクザですか?
ヤクザの方は誠心誠意謝ったら分かってくれるからねー
今までで一番キツかったのはー
謝罪に行ったら3時間呪われた時かなー
オンカヤカー
ハンニャハーーっ
呪う奴本当にいるんかーい!!

呪いは大丈夫だったけど精神的にねぇ
呪いなんもなかったすね…
3時間やって…
この前久々にこのパターンが
またた…行けば分かるって言うけどさー
6丁目1-1
1Fに車がとまってるビル
行けば分かる
行けば分かった…
ここだな…

POSTSCRIPT

配布禁止

マンガにも出てくるように配布禁止の場所には
地図に住所と名前が載ってます。

例えば

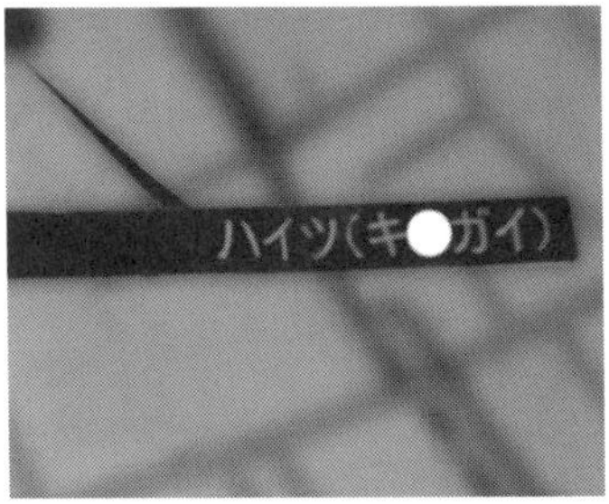

他にも

殺されるって!!
ポスティングって、そんなに危険な仕事なの!!

つまり大体過去にチラシ入れて面倒な事になった所には印があります。

もし禁止物件にチラシを入れてしまったら会社のクレーム班が地獄の謝罪に行かなければならないのです。

なんで僕らポスティングの人間にも、禁止物件にチラシ入れた場合はペナルティがありまして。

会社によってもまちまちでしょうが。

その日の給料はなしとか、半額とか、

ま、ペナルティとかよりチラシ入れて万が一殺されたら元も子もないんですがね。

6丁目 11-2
怪しい教団

ポスティングと自転車の話
チラシを現場に持ってく手段も人それぞれ
カートの人
バイクの人
僕は自転車
前カゴも後ろもチラシづみ
急ブレーキをかけるとたまに重さでカゴがこわれ
キャガラー
おじぎした小学生のランドセルかよ!!
チラシがドサササササ

チラシつんで重いのでスピードはおそい……
くおおお
ギコギコ
ウーバーの配達にぬかれ
シュー
おばさんの電動チャリにぬかれ
スイー
小学生のキックボードにぬかれ
シャー
ウォーキングのおじいさんにぬかれ……
テクテクテクテク
って、自転車より歩いた方が速いんかーい!!

あと、マンガでは自分の事かわいく書いてますが実際は
こんな見てくれなので
自転車に乗っていると…
100%職質（防犯登録確認）をうけます
ハイ止まってー
今日8回目…
最高一日に8回うけた事あるんですけど…

そしてなんとか現場到着
そしたら自転車置いて歩きでポスティング
新聞配達みたいに自転車にのって配った方が早くない？
そう思う方もいるでしょう
朝刊！デース
だけどそれが違うんだなー
自転車が入れない細い長屋みたいな場所にあるポストや
階段の上のポスト等いちいち自転車停めてだと、余計時間かかります

???????
だったら なんで自転車で行くんだって?
私がいなくなった17時以降にならば
チラシ入れていいよ
こうゆう管理人のマンション 一日に7、8件はありまして
後でチラシ入れ直しに行く時、チラシ減って軽くなった自転車がモノを言う!!
ボーントゥビーワイルド
気分はイージーライダー オレを止めれる奴はいないぜー!!!
止めれる奴はいた……
ハーイ 止まって〜
まさかの9回目……
新記録……

ポスティングと自転車

チラシを現地まで持っていって配るんですが。

バイクで持っていく者もいれば、自転車に積んで持っていく者も。

僕の場合は自転車に積んで持っていきます。

普通のママチャリ。

ちなみにこんな感じ。

これは**2種類3000枚**の場合——

前かごに入るだけ入れて、残りは荷台にゴム紐で固定。紙なんで重いんです。

チラシを積んで坂登ってる時は地獄。

それだったら電動自転車にしたらいいんじゃないか？

違うんです。

毎日重いチラシ積んであっち行ったり、こっち行ったり。

なので**大体3ヶ月で自転車が潰れます**。

まずブレーキがやられ、チラシの重さのせいか前輪、後輪が歪み、修理に出すとほぼ全取っ替えになります。

それならば安いママチャリの新車に買い換えたほうがと**3ヶ月で買い換え**。

なのでポスティングの人間は意外と新しい自転車に乗ってたりします。

外れエリアの話
この仕事場所によって早く終わったり、やたら時間かかったりなんですが
現場(エリア)は毎日ランダムで朝、会社行ってわかります
嘴家クンは今日は○○区△△町
チラシは大セツ
これ、チラシ…
やたらキャベツ栽培してる畑ばっかのエリア
今日はハズレだー
いやぁ最近ちょっと変わったみたいだよ
行ってみたら
GALA
変わりすぎじゃね!?マンションが!!!再開発だ!!
サイバイじゃなくサイバーシティ

という事は
ポストも
沢山ある
という事
クルクル
つまり!!!
ジャックポットー!!!
チーン
ジャラ
外れエリアーが
一転して
ドル箱エリアに!!!
チラシ入れても
入れても
ポストだらけ!!
あっという間に
200枚配ったー!!
次のマンションだー
狂喜乱舞
再開発
バンザーイ!!!
だが
そんなに急に
都会化する
訳もなく
マンションは数棟
だけで、
裏には一面の畑
が広がっていた
結局ハズレ
エリアー
ハリボテ
みたいな
街ね・・・

次の日
仲間に
へー
やっぱ外れエリアだったよ
オレ、こないだ新宿区○○町だったんだけど
マンション多くて当たりエリアじゃん!!
それが再開発でエリアの半分が工事中で・・・
全然配れない
いいエリアなのに外れエリアになったのかー
外れあるあるだねー
それでもマンションあるって思ったら老人ホーム
会社も調整して不公平のないように外れの次の日は
今日は渋谷区○○町ね
やった!!ドル箱エリアー!!

今まで行った外れエリアのパターンだと
世田谷によくある
高級住宅地で一軒家ばかりそして家から次の家まで遠いタイプ
文京区とか…
坂が多く、ポストが階段の上の家が多いタイプ
港区あたり
大使館ばかりで近づく事すら出来ないタイプ
江東区のどこそこ…
タワーマンションばかりで中に入れないタイプ
色々ありますが我々ポスティンガーを恐怖のどん底におとすぶっちぎりの外れエリアが……

それはN区のかろうじてギリ都内のあたり
高速の下でやたら上にある家々
莫大に広がる都民農園
次の家までに立ちはだかるゴルフ練習場
それよりもこの外れエリアには真の恐怖があるんです!!
やっとこさたどりついた数少ないポストのほとんどに
貼り紙!!
チラシお断り
○△×□○△!!
この地獄の外れエリアは存在する・・・・・

外れエリアには
何故か
サラ金のATMだけ
やたら多い……

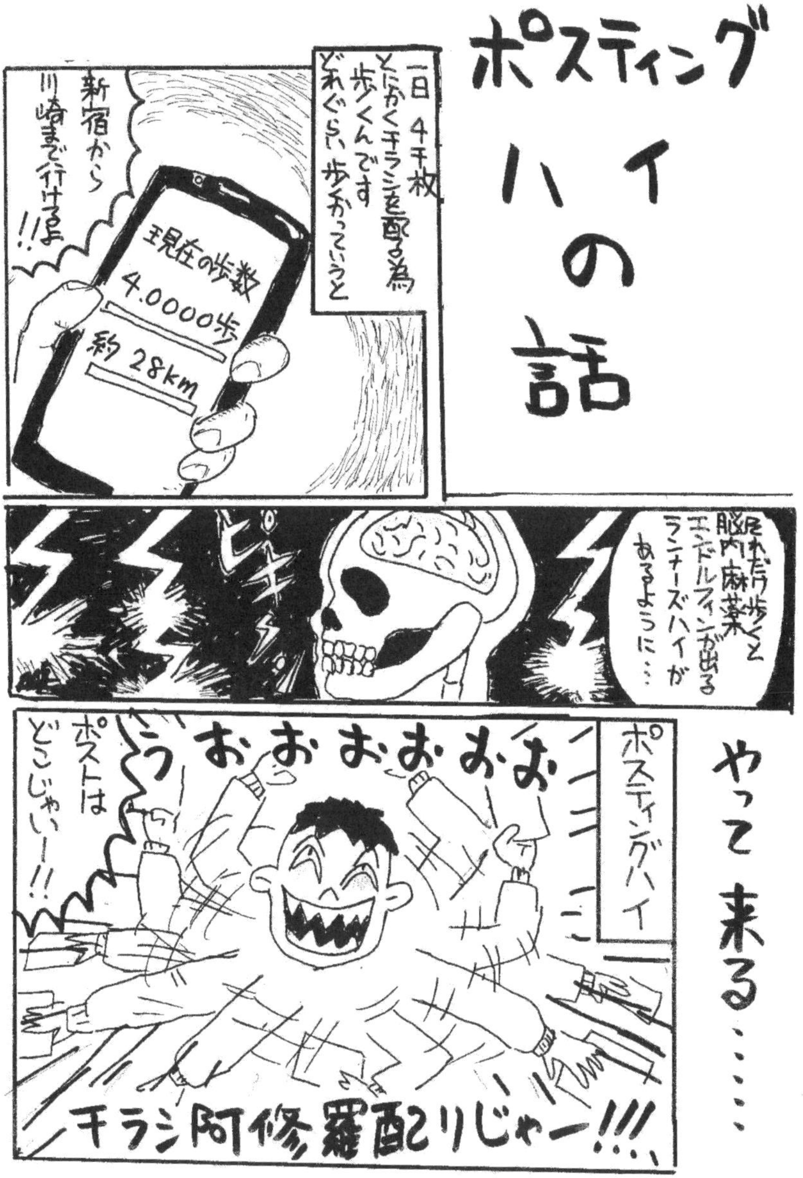
ポスティングハイの話
一日 4千枚 とにかくチラシを配る為 歩くんです どれぐらい歩かっていうと
現在の歩数
4.0000歩
約 28km
新宿から 川崎まで行けるよ!!
ピキ
それだけ歩くと 脳内麻薬 エンドルフィンが出る ランナーズハイが あるように…
ポスティングハイ
やって来る……
うおおおおおお
ポストは どこじゃいー!!
チラシ阿修羅配りじゃー!!!

そうなれば こっちのもの!! 踊るようにポストからポストへ
クル クル
面倒な階段上のポストも!!
スイー
スタン
シュタッ
個人の感想です
ハイ状態も長くは続くもんでなく……2時間後……
燃えたよ…… まっ白に…… 燃えつきた…… まっ白な灰に……
カンカンカンカンカン
それでチラシくばり終わったらいいんですが……
残ってる事がほとんで体力は限界……
そんな時はまたハイになる為アレを決めるんです
と言っても
こんなんじゃなくて
ダメ ゼッタイ

ポスティングバイトのアレというと
ブラックサンダーチョコレート!!
糖分を吸収!!
そして大音量の音楽でテンションUP
ダメ押しで
もちろんイヤホンでね
聴くのはパンクでもなければデスメタルでもなく激しい
テクノでもヒップホップでもなく!!
オマエのポスト チラシまみれにしてやろうか?
YO
プロジェクトAのテーマ
うおー!! 来た! 来たー!! ジャッキー!!
ムンジン ヘイボ
ダイディディジョイ
ロンジョイ
シンドンフォン
サウジュー
ジョワンナミイ、
ガッガイワッ
サウジャー チョッ メイヤン
個人の趣味です

よみがえるポスティングハイ!! アチョー!! アチョー!!
必技!! ポスト五段突き!!
個人の思い込みです
だいたい12時間ぐらいチラシ配りきり!! 感動のゴール!!
ゼリヌンティウスーエイドリアーンもうどっちでもいー
やっぱり徒歩!! 早く帰りたーい
そして帰りの電車…
燃えつきた… まっ白な灰に……
お客さん終点ですよーおきて下さーい

ポスティングとコロナの話
コロナ以降ポスティング業界も色々変化ありまして
常にマスク着用
定期的に消毒そして検温
とうめいの手ぶくろをつけて
オヤで使うよーなヤツ
さらにフェイスシールドも着用
夏場地獄なんですけど!!
体感40℃!!

朝チラシとりに
会社に行くと
仲間達も：：
ここはドモホルンリンクルの工場か!!
とりあえずマンガの都合上マスク類外します
ポイ
コロナ以降増えたのが宅配デリバリーのチラシ最初は普通の形が
500円OFF
他社に差をつけるために丸形
ハート形
500円オフ
500円オフ
星形
クローバー
ポストに入れづらい入れづらい
配ったけどね!!
デリバリー系の他にも

他にも変わったと言えば……
前に、ふ菓子くれた管理人さんのマンションだ
○△パレス
管理人さん久しぶりです
どーも
管理人室
シャッター？
あれっ・いない・・・
あら、管理人さんに用事？
あ、住人の方
そうなんですけどー

一ヶ月前までは
いたんだけど
コロナで管理会社が
赤字みたいで
人員削減で
いなくなって
管理人室
そうなんですか・・・
やさしい管理人さん
だったのにねえ
・・・ですね・・・
このマンションは
私が管理人です
月〜金 10:00-17:00
日・祝 10:00-12:00
他のマンションの
管理人
さんも・・・・
いない・・・
受付
ここも
いない・・・

コロナ以降 配るチラシも変わりまして…
コロナ前
マンションや不動産のチラシだったのが
4600万円
オープンルーム
3580万
後…
予約不要
無料PCR
ワクチン接種受付中
無料PCRワクチン接種に変わり
行政からの依頼チラシも内容変わりまして…
コロナ前
オレオレサギのチラシだったのが
STOP オレオレサギ
全部ウソです
後…
杉並区からおしらせ
給付金のサギに注意
チラシ見てわかる反社のシノギかな…
風流ですなぁ

好きだった管理人さん達が人員削減でいなくなってた・・・
心配になりババヌキの管理人のマンションへ
ガチャン
ガチャン
チャリで10km移動もなんのその!!
マンションには・・・・
おっ久しぶりー
いたーー!!!
いやー、お元気そうでホッとしましたー
どうだい?久しぶりに一勝負!!

ババヌキで勝ったらチラシ入れていいんでしたっけ
負けませんよー
いや・いや
ハンドスピナーでワシより長く回せたら
また変たグレードアップしてんのかよ!!
昔あったなそれ!!

POSTSCRIPT

ポスティングとコロナ

まだ未だコロナ禍ですが、第一波の時は**配るチラシがなくなった**んです。

今までは不動産関連のチラシを毎日配ってたりしたんですが。

コロナ禍ポスティングしてるとマイナスイメージになるって一気になくなって。

2週間位全く仕事がなくなった時期があるんです。

えー!! ポスティングのチラシなくなるなんてあるのー!!

22年やってて初めての事。

で、2週間後、大手宅配デリバリーのチラシが山程依頼きまして。

実に今までの**2倍の仕事量**。

朝6時から夜11時までやってなんとか終わる。

稼げるのはいいけど体力もたんよ。

なんて思ってたら、個人の街中華屋とか、飲食店の「テイクアウトはじめました」のチラシも入ってきて、早朝からポスティング始めて終わるのは夜てっぺん超えみたいな日が!!

でも、コロナで売り上げなくなった個人の料理店が少しでも売り上げあがれば、なんて**使命感**でポスティングしてましたねー。

今はチラシもだいぶ落ちつきましたが、宅配、不動産も復活して逆に**コロナ前より忙しい感じ**です。

新人クンが入ったの話
朝会社に行くとホワイトボードに今日の目標がはってあるんですが…
8月22日
熱中症に気をつけよう
クレームをなくそう
その中にこんなのが
ボロボロの服は着ないようにしよう
え!?なに?
会社の人に聞いてみた
これって?
3日前に25才の新人が入ったんだけど…
ちなみに彼ね……
ボロボロ～
何か事件に巻きこまれたの!!
イギーポップかよ

面接は普通だったけど次の日からボロボロで
何か事情が……
ポスティング仲間も心配してたみたいで……
でも何きいてもしゃべらなくてさー
会社の寮に入ったから寝る所はあるみたいだけど
寮でオレのくつ勝手にはくんすよ!!
可哀そうだからあげたけど……
まぁ、ボロボロだけど仕事さえしてくれれば会社的にOKでさ
社会的にNGでしょ……クレーム来ますよ
おはよう!! おーボロボロの兄ちゃんいたかー
松田さん
……
チラシは大切に

ワシの昔着てた服で悪いんだが……良かったらあげるわ…
ホイ…
おー!!!良かったじゃないの……さっ、着替えて、着替えて
……
日払いで働いた分の半分…つまり一日4千円はもらってるみたいやがなぁ…
残りの半分まとめて一週間後ですもんねー仕事やめないように
もらった服に着替えたのですが……
上下プレイボーイ
うっ!!!時代を感じる…
PLAYBOY
4千円やったら飯くって終わりや服まで買えんボロボロで可哀そうでなー
松田さんいい人……

ボロボロの100倍はいいやろー
「素直」に「そうですね」とは言えなかった
まあ働いて金たまったら自分が好きな服着たらええかな
次の日新人クンは・・・・
昨日もらった服がボロボロになってた・・・
ババーン
イヤー!!
ケガとかはなく事件ではなくてどうやら自分でボロボロにしてる様子
若者がオシャレでわざと服ボロボロにするファッションちゃうか?
パンク?
絶対ちがうと思います・・・

それでも松田さんは
着なくなった服を
あげるのだが…
EXPO'85
次の日には
ボロボロに
また
あげるのだが
B&B
ボロボロ
に…
まとまったお金が入っても
彼はボロボロの服を
着つづけ やがて
皆気にしなくなり
一ヶ月後……
会社の日常に
普通に
とけこんでいた…
おはよう
今日も
ボロボロやなー
ボロボロが
とけこむ会社
っておかしいから!!

トップス
ボトムス

雨の日のポスティングの話

降雨量1ミリ
3ミリ
8ミリ
先週の日曜日
18ミリ
滝行かよ!!
ザーザー
南無大聖不動明王
南無大聖不動明王
ザーザー

もういい
チラシがはりついて
くばりにくい!!
チラシぬれないように
クリアファイルで
はさんでる
雨で階段で
すべったり・・・
わー!
15才の時 ブルーハーツの
ドブネズミみたいに
美しくなりたい・・・
という言葉に憧れた少年は
あれから30年
雨の
地べたで・・・
ドブネズミ
みたいな中年に
なっていた・・・
♪リンダ リンダー♪
♪リンダリンダ
リンダー♪
痛てー!

そしてヤケになる
ポスティングなんかやめじゃー!! ボケー!!
パンツまでビチョビチョだし カッパ着るぞネズミ男そっくりだし!!
だけども止まない雨はない訳で・・・
フンガー!!!
雨があがると・・・・
虹だ・・・・・
雨の日も悪い事ばかりじゃない・・・・
気分かえてまたがんばるとするか・・・
写真には写らない美しさがあるから・・・・

配布方法の話
チラシの配り方にも色々あります
朝、会社でチラシをもらう時説明があります
チラシは大切に
今日は○○町××スーパーのチラシを3500枚配ってねー
××スーパー 大売出し
配布方法は軒並配布
二系地図……
了解です
軒並《のきなみ》配布とは？
POST
地図にのってる禁止物件以外はポスティングする基本的な配り方

他にも色々な配布方法がありまして
集合配布
マンションやアパート集合住宅のみにポスティング
新築の一戸建てのチラシなど・・・
戸建配布
一軒家のみポスティング
リフォーム系のチラシ多し
事務所、会社のみ配布
カーシェアやパーキングのチラシとか・・・・
ワンルームマンションのみ配布
スポーツクラブやエステなど・・・・
不動産屋以外配布
当然不動産系のチラシ
不動産の売却
ご相談下さい
03-00XX-00

○○ヨガ教室のチラシを興味がありそうな家のみ配布
それ、どこで判断したらいいのよ!!
だよねー そう言われてもだよねー
わかんないよね……
どうします?
うーん
軒並配布で……
どの家が興味あるかわかんないし……
ですよねー

指定配布の時はチラシの単価が上がります
チラシや配布方法にもよりますが0.25円から最高では一枚5円までアップ
今なら
インターネット
安い!!
速い
使いホーダイで
ワシは指定配布よりも軒並がええなー
気つかうしなー
配るトコ見つけつつですから気はつかいますね
事務所以外の時はマンションのポストの名前一軒一軒確認せんといかんしやなー
山田
オフィス○○
三階堂
○△会社
倍ぐらい時間かかるもんな
まあ、その分金額もいいんですけどねー

オーイ
哂家くん 今日のチラシの説明するよー
あ、すみません 今日は何ですか?・
今日はお宝買取りのチラシ お宝を持ってそうな家のみ配布
お宝出張 高価買い取り
だから それもどこで判断するのよ!!
結局 軒並配布に なった・・・・

太ってる人が住んでそうな家のみ配布……

いや、やっぱり軒並配布で

東京オリンピックとポスティングの話
オリンピック開催2週間前 現場が新国立競技場の近くでして…
まだ工事してる…
通行止めでーす
ガードマンが多く いたる所で 通行止め……
迂回して下さーい
そんな中
オリンピックのクレームを言われすぎたのかやたら卑屈なガードマンが……
通行止めでスミマセン
オリンピックで工事してスミマセンゴメンナサイ
ゴメンナサイ
もう私は貝になりたい
こんな所にオリンピックのギセイ者が…
謝りグセがついてる……

そして、オリンピックが近づくにつれ街中にやたら警官が増えまして…
特に六本木あたりの大使館のまわりは警官だらけで…テロ対策…
フィリピン
サウジアラビア
シンガポール
スペイン
チラシ配ろうと大使館に近づくやいなや
ハーイ、ごめんねーちょっと話きいていいかなー
若手警官登場
必ず職質をうけます
チラシ配りの仕事で…
怪しんでる訳じゃないけど……もしもし
怪しんでる訳じゃないけど職質いいかな?
2人追加!!
絶対怪しんでるでしょ!!

リュックの中見せてくれるっ…
どーぞ
いいですよー
あーっ!!!リュックの中にカッターナイフがー!!!
チラシの束についてるバンドを切るのに使うんですー
ココ
カッターも100均のですし
まぁ、仕事で使うんなら持ってても問題ないだろう
ハイ。良かったー。分かってくれて…
ゾロゾロ
って、カッター出てからめっちゃ警官増えてんすけど!!

増えた警官で
職質は続く……
その姿は……
まるで追いつめられたテロリスト状態
リュックの中にボルペンが!!!
バババーン
入ってても普通でしょ!!!
ボルペン型の爆弾の可能性が……
んー
怪しんでる訳じゃないけど……分解していい？
ボールペン
もう…好きにして……
もう怪しい奴でいいから!!!
そしてやっと
職質が終わって
解放されまして……

イヤー
ひどい目に
あったー
オリンピックで
ピリピリ
してんだなー
ボールペンまで
分解されるとは…
返してもらった
けども…
チラシを配れなかった
場所を
メモするんですが…
えー
○×大使館
一度分解した
ボールペンは
たいてい…
カチ
カチ
カチ
カチ
カチ
カチ
カチ
カチ
カチ
思いっきし
壊れてんす
けど……

分解すると
バネが
うまく
いかないん
だよね

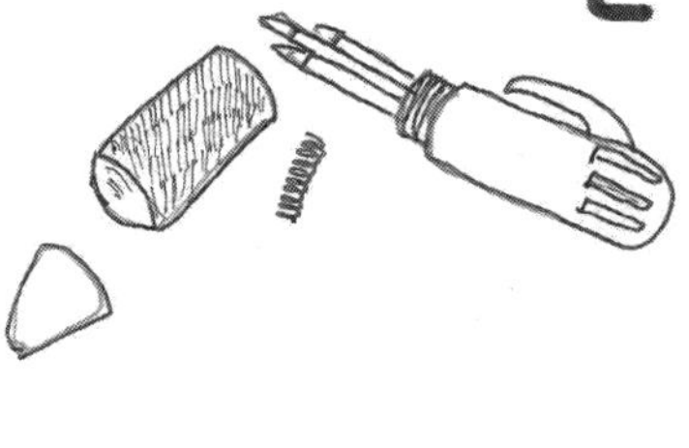

ポスティングと夏の話

外にいる仕事なので
ゲリラ豪雨に
やられると
最悪でして・・・
ザシャ〜ッ
ひぃー
うあー
体中ビショビショ
チラシも
ズブぬれだー
なので豪雨に
やられないよう
常にケータイ
アプリでチェック
杉並区
あと20分後に
ゲリラ豪雨か・・・
の直後・・・
雨?!
20分後
じゃなくて?!
上を見たら
ベランダガーデニング
の水まきだった・・・
ビシャー
いや、思いっきし
かかってるから!!
ここ
歩道
だからね
豪雨の前に
ビショビショの
屈辱・・・・・

そして夏のポストにチラシ配る時には色々な障害が
○○コーポ
アパートとかナスタ社のKS-MB6SAタイプ
一日中太陽に照らされたポストにうかつに触ると
ジュウ〜
ギャアアア〜熱ちぃー!!! 手が焼けるー!!
俺にさわるとヤケドするぜっ てか……
さらに何故かポストの周りは蚊が多いんです…
虫よけスプレーしてるのにこんなに刺されてる!!
ババーン!!
仕方ないんで蚊を落としながらポスティング
えい! えい!
さらにスズメバチがやって来る事も
ジャジャージャジャーン
ジャジャジャジャジャーン
ジャジャーン

そしてやっぱり一番大変なのは灼熱の太陽
ははははは
6月だけど30℃いくよー
ギラギラギラギラー
絵本の太陽って怖いの多いよね…
直射日光をさけるのと頭を涼しくする為皆それぞれのかぶり物を…
帽子派
タオル派
麦わら派
ごくまれにベトナム派
タオルが一番!! 風とおしもいいしさらに頭を冷やす裏技があるからね
裏技?
スーパーの冷凍食品とか持ち返りにくれる氷をいただいてビニール袋に入れたヤツを頭にのっけてだな
ザラ
ザラ
タオルで巻いて固定すれば冷え冷え〜〜
映画コーンヘッズみたいになってますよ…
この技つかっていいよ
つかわないです……

冷えピタだったり
様々な頭を冷やす方法を模索
中には・・・
保冷剤を使い出す者も
中に入れてかぶったらめっちゃ冷えるでー
保冷剤がいいと分かると皆保冷剤を
タオルの中に3個
だからコーンヘッズみたいだから
ついには保冷剤の束を首にまいて冷やす者
沙悟浄のドクロみたいっすね
さらに保冷剤の束をダブルがけする者
弾丸かけてるベトコンにしか見えないから!!!
通報されるから・・・
まだ夏は始まったばかりなのです・・・

ポスティングと夏 その2の話

熱中症対策にもヒエラルキーが
普通に稼ぐ人間は経口補水液
それと塩タブレットなんですが……
一日に 2000円分ぐらい しか 働かない ポスティンガーは
水道水と塩
ペットボトルのまわりに塩
ソルティードッグじゃねーんだから
ソルティカルキ?

朝は出発前に会社の人が声かけ運動…
熱中症に気をつけてねー
早めに水分とってねー
O.K
でも、まだ6月だし熱中症でたおれないでしょー
そうだねーまだ6月だし流石に…
2人しかたおれてないねー
でも去年は4人だし…
いや、もう2人たおれとるんかーい!!

ポスティングと夏

ポスティングの**夏は過酷**です。
マンガにも描きましたが我々ポスティンガーが一番恐怖する季節、それは夏。

一日中外歩いてるんで高まる**熱中症リスク**。
くそー!! 来年こそは!! と思いながらも買わず仕舞いの空調服。

そう、ヒエラルキーで言うと空調服着てるポスティンガーが最上級かもですね。

寒いのは着込めばですが、暑いのはどーにもなんですよ。

夏場は暑すぎて一日3回は意識飛んだりします。

とにもかくにも、夏場やれたら一人前のポスティンガー。
夏を制する者はポスティングを制す!!

なんか夏を制する者は受験を制すみたいですが。

おかたい系のチラシの話
時期になると選挙系のチラシが多くなります
○×△夫
○×△夫
配ってたら本人の街頭演説に出くわす事も…
ワクチンがどーたらこーたら
オリンピックがうんぬんかんぬん
このチラシの人だ…
あ…私のチラシ
どーも
今日配ってます
皆さん、あの方をごらん下さい!! この暑さの中私のチラシを皆さんのポストに配ってくれる
ありがたい!! その労働力こそ日本の宝です
宝？
やめてくれ!! 恥ずかしい!!!
イジるなー!!!

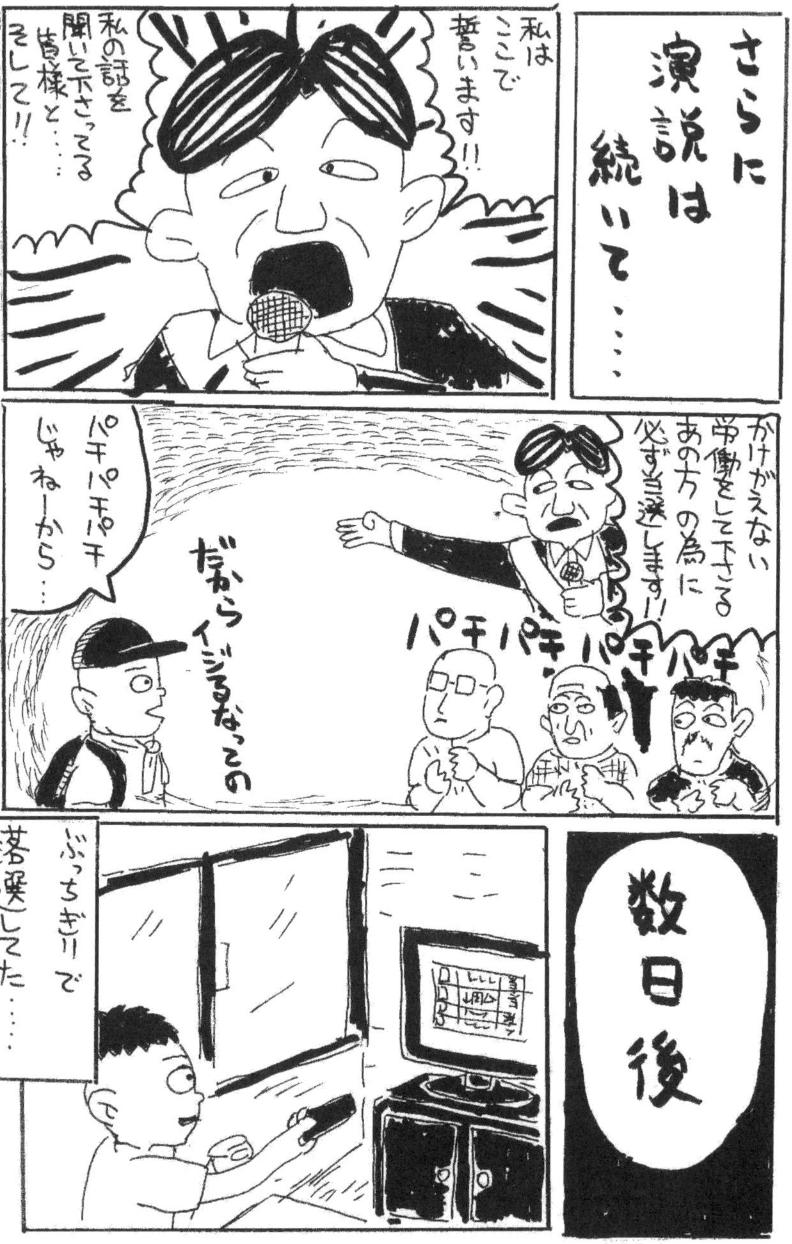
さらに演説は続いて・・・・
私はここで誓います!!
私の話を聞いて下さってる皆様と・・・・そして!!
かけがえない労働をして下さるあの方の為に必ず当選します!!
パチパチパチパチ
だからイジるなってこの
パチパチパチじゃねーから・・・・
数日後
ぶっちぎりで落選してた・・・・

他にも区のお知らせをポスティングする事も・・・・
首からＩＤカード下げます
いつもはポスティングＮＧなタワーマンションもこの時ばかりはＯＫでして
江東区とかの・・・
防災センター
区のお知らせのチラシ？ポスティングしていいよ
でもポストの場所がわからなくて
メールコーナーはそこの階段おりて
地下通路を道なりに行ってつきあたりを右、そして一本目を右まわりこんで扉を開けた所だね
ここね・・・
ドラゴンクエストのダンジョンかよ!!

まいったなー
完全に迷った…
どこだー？
30分後
ようやく入口を発見
中に入る…
メールコーナー
ここだ!!
あっ開いた!!
うわー!!!
見た事ない大量のポストが!!!
ババーーン!!
ポスティングの人間は大量のポストを見ると異常にアドレナリンが放出されます…
チャラララッ チャッ チャーン
↑心のレベルが上がる音

そして怒涛のポスティング!!
チラシ阿修羅くばりー!!!
うおおおおおお
さらに羅漢仁王くばりー!!!
勢いだけ…効率は悪い
終わったー あれ?ドアがロックされてる
あ…出口は別のドアか…
←出口
と、いう事は別のドアを開けると…
また別のダンジョンが広がってる訳で
ずうううううん
……帰り道きいてないんですけど…
30分後になんとか脱出……

当選

ポスティングと夢追い人の話
はいどーもー
僕は芸人やりつつポスティングしてますがポスティンガーには夢を追う人も多いんです
服装は自由なので一番多いのがバンドマン
ビジュアル系やってます
夢はロックバンドでメジャーデビューミック山田58才!!
新人の鈴木さん何かやってるんですか?
皆さんとくらべると全然普通です
いやぁー
暗黒舞踏
一番普通じゃねーよ!!

天井桟敷みたいな奴？
ふんどしで体中 白ぬりでやってます
いつかは舞踏で食えるようになるのが夢です
へー
O.K？
夢に向かってガンバろーぜ!!
でもその前に生活しなきゃだ
という事で今日もポスティング
ガンバロー!!
といっていたものの2日後新人の暗黒舞踏の人が会社に来なくなった…
ポスティングは一日外で日焼けするから嫌だって
辞めちゃった…
白ぬりですもんね…

チラシを配り切ればOKなのも夢追い人が集まる理由でしょうか
途中にバンド練習
漫才のケイコ
僕も舞台後ポスティングする事も
いやー今日はウケたー!!!
マンションにポスティングしてるとあるポストの中に
昔ライブが一緒だった芸人がTVCMしてるチラシが・・・
貴金属買取り
グレイトだろー
かたや華々しいTVの世界
俺はウケたって芸人でも客が20人の地下のライブハウス
コラ!! おっさん!!

ポストにチラシ入れるんじゃねえ!!
ス、スイマセン
マンションから出てけよ
いい年してバイトなんかして恥ずかしくねーのか
二度とくんな!!
どれくらいの時間だろう公園のベンチに座ってた……
色んな事を考えた
田舎の親の事
遠距離恋愛の彼女の事
そして、あきらめきれない夢の事
噛家クン
ミックさん!!

帰ってたら 噺家くんが 公園に いたんでさ
何か あったの？
実は… これこれ こーゆー事が……
俺なんてま売れてる 芸人に比べたら 才能ないし
だったら この年まで 売れてないオレ 音楽の才能 なんてないよ
だけどさ 一つだけ持ってる 才能があってさ
どんなに無様だろうが バカにされようが 夢を決して あきらめないって 才能
!!
だから 嫌な事 悲しい事あっても オレは チラシを 配り続ける!!
夢がかなう日まで 何枚でも
何百枚でも

OK?
ま、色々つらい事あるけど元気出していこーぜ!!
ハイ!!!
でもミックさんの売れるまでだったらチラシ何百じゃなくて何千万枚じゃないですか？
言ったな売れない芸人
ハハハハ
後チラシ何枚残ってんの？
千枚
じゃ、オレも手伝うからやっちまうか
ハイ!!

同業者の話
マンションの集合ポストで他の会社のポスティンガーに会う
※ポスティンガー（ポスティングする人）
こんちは
どーも
チラシの入れ方でバッティングしないように
上下 右横
じゃ…反対から
暗号みたいだがこれは上から下に右横のポストから入れてますの意
だいたい上下か横かこの間よくわかんない入れ方してるオッサンに聞いてみたら
うーん…ランダム気分で！
規則性ないのかよ!!
ランダムみたいに言うな

手にチラシの束
そして、だいたいのポスティンガーはリュックにチラシを入れてるんですが
街で会うポスティンガーは好きなカバンも様々……
タスキスタイル
トートバッグ
ウェストポーチ
オレのカバンはこれっすねー
ウーバーイーツのバッグ？・
Uber Eats
ウーバーしんどくてすぐ辞めたんすけどバッグもったいないじゃないすかー
それに3つい事あってー
いい事？・
第一にチラシが沢山入る…
そして第二に!!
PiZZA
ずっしり…
明らかにポスティングならばマンションの管理室で止められるが
このスタイルなら通過できる
消火器

そして
第3に!!
だ…
第3に…
ウーバーイーツって
なんか
カッコよく
ないすかー
なんだコイツ…
それは
個人の感想かと…
そーゆー事で
チラシ入れないなら
オレお先に
入れちゃいまーす
今月のお知らせ
だが、マンションの
ポストコーナーは
たいてい広くはなく
バッグが
ひっかかって
入れなーい!!!
バッグ置きなさい…
バカなの
君は…

こんなポスティガーも
私はビジネスバッグ
中にマンションのチラシが入っています
失礼ですけど何故ポスティングを?
見たところ一流企業の方みたいなんですが…
不動産会社につとめてるんですがコロナ禍ポスティングの方々にお願いする予算がなくなりまして
仕事後にサービス残業で担当マンションのチラシをポスティングしてるんです
そうなんですか大変ですね
これも仕事ですから失礼してお先にポスティングさせて下さい
おやっ、先客が…
無理矢理入ったらはさまったー
助けてー!!
ほっといて次のマンション行きましょ

小ネタの話
今回は小ネタを4本ばかし
ネタがつきた訳じゃないよー
小ネタ その1
管理人さん、ポストにチラシ入れたいんですが
いいよ、いいよ好きなだけ入れていいよ
100枚でも200枚でも入れていいよ
いやいや、入る分で…
やさしい管理人だなー
その代わりこの冊子読んで後日感想言いに来て
と思ったら宗教の勧誘かよ!!
今、問題の団体…

小ネタ その2
以前紹介したボロボロくんは相変らずボロボロの服で
おはよー
夏はボロボロのTシャツでいいのだが
サザエボン
寒くなってきたので松田さんがセーターをあげたのだが
似合っとるやないかー
徐々にボロボロに…そしてついには!!!
いや、偶然だろーけど童貞を殺すセーターみたいになってる!!!
寒くないんかァ、

小ネタ その3
ゴチャ～
僕は一杯のポストにはチラシ入れないのですが……なかにはチラシ入れるポスティンガーもいて
202
一ケ月後
チラシ増えてる……
202
さらに一ケ月
もう入れるのやめてやれよ……
202
その後一杯のチラシの上にアマゾンの宅配の箱が置かれた
amazon.co.jp
202
そして現在……アマゾン、アマゾンさらにアマゾン
amazon
大神楽なみのバランス!!!
取り来ないなら買うなよ!!
201
202

小ネタ その4
ポストの上に物が置かれてあったりする事があります
例えば殺虫剤とか虫よけスプレー
はたまたマスコットの置物や
松本
休憩中に吸うタバコと灰皿のセット
中国飯店
他にも色々
軍手
ボールペン
タオル
最近では消毒アルコール
そして何故かよくあるスロットのコイン
何で置いてるんだろ?

ある一軒家のポストの上には・・・
昼寝してる猫!!
POST
なぜこんなバランス悪い所で・・・
あ、ポストがステンレスだからあったかいのか
仕方ないなこの家はチラシ入れるのやめとこう
起こしちゃうし・・・・
POST

後日・・・・・

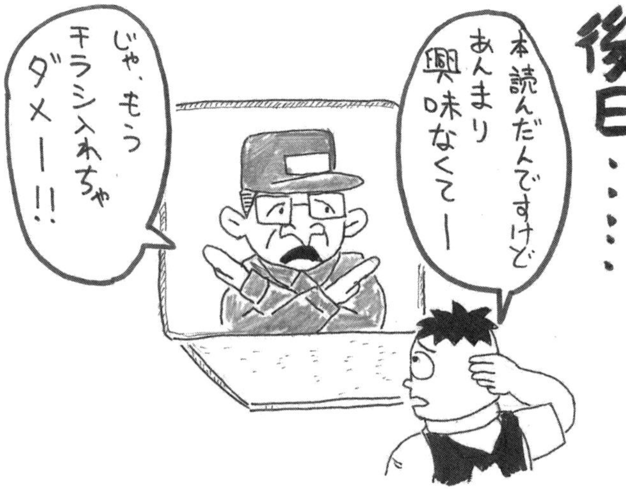
本読んだんですけど
あんまり
興味なくてー
じゃ、もう
チラシ入れちゃ
ダメーー!!

ポスティングと動物の話
住宅街をポスティングしてると色々な動物に出会います
ニャ二？
一番見かけるのは猫よく塀の上にいます
中野区某所
やたら猫が多い町だなー
そう思ってたらこんな家が!!
うわー
ネコ屋敷!!!

ネコは家につくというがこれはつきすぎでは……
とりあえずポスティングしないとえーっとポストは？
あった!!これだ
ってええっ!?
猫屋敷のポストに…
大量の犬いますシール
思いっきし猫がいるのだが……
もしかして犬もかってるのか？

犬にもよく出会います
ポスティングしようとしたらスゲー吠えてくる犬・・・
ワンワンワンワンワン
一見犬いない家ですがポストに近づくと
窓から室内犬が顔出して吠える吠える
ワンワンワン
こうゆうブロック塀の一軒家では・・・
穴から口だけ出して吠えてきます
ワン
ワン
ワンワン
エイリアンかよ・・・

逆にやたらなついてくる犬もいる
クウーン
クウーン
おーよしよし
かわいいなー
バッ
バッ
あまりに可愛いのでポスティングで前を通るたびかわいがった
クウーン
クウーン
バッ
バッ
おーよしよしいい子いい子
勝手に名前をつけて…
坊太郎元気にしてたかー
ウチの子の名前ジョンですが
その日は飼い主がいた…
スミマセーン
ピューー

玄関の横で
かってたりする
亀も出会います
うだるように
暑い夏の日
には
37°C
出会う亀
出会う亀
皆ぐったり
してます
大丈夫
かなー？
ある家の
玄関前にいた
亀だけは・・
亀用に
せんぷう機!!!
オレより
いい環境

出会うといえばカラスも
ある家の庭の木に巣があるのか
近づくと襲撃してくる!!
ビャ
うわあぁ!! リアルヒッチコック劇場!!
ビャ
他にはたまにタヌキまれにハクビシン
出会う以外の動物の話をすると…

動物病院のチラシを配る事もあります
○○動物クリニック
ワンダフル
ワンフォアオール
ペットOK
ペットマンシ
ペットOKマンションここはポスティング出来るだろー
管理室
管理人さん動物病院のチラシポスティングしてもいいですか？
ダメなんだ動物好きのマンションオーナーからクレームきちゃって
なんてクレームなんです？
うちのマンションに病気になるペットは一匹もいないって
ペット版モンスターペアレント!!!
愛情が変な方向に…

やたらトリッキーな場所で
寝る猫。

亀の家、こないだ行ったら逃走中。
見つかったのかなー。

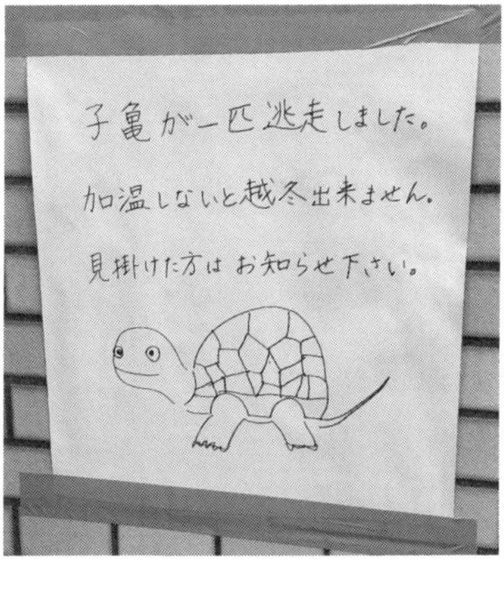
子亀が一匹逃走しました。
加温しないと越冬出来ません。
見掛けた方は お知らせ下さい。

ポスティングルメの話
朝、会社で仲間がなにやらもめていた・・・
それは違うでー
イヤ、イヤ
どうしたんです？
おー噺家クン
我々、一日中歩きっぱなしの仕事は朝食に何食べるか大事やろ？
朝食は松屋派か富士そば派かで議論してたんや
オレは松屋・・・
世界一どうでもいい議論ですね・・・

大事な話だよ いかに松屋の朝食がすばらしいか語らせてもらうと
とにかく腹がへった……
なぜ孤独のグルメみたいに……
松屋の玉子かけ朝食 これに決まりだ……
ご飯、みそ汁、玉子、小皿 290円とはありがたい
問題は選べる小皿だ 牛皿、納豆、冷奴、とろろ まるで朝食のテーマパーク どれにするか悩む所だ
朝食メニュー
YES
早く買いなさいよ……
朝食の舞浜のテーマパーク!!
牛皿に決定だ!!!
牛皿
ご飯の量も選べるのか…… 並・大盛・特盛 どこまでオレを悩ますつもりなんだ
早く買えよ!! 後ろ人ならんじゃってるし!!

ご飯は特盛だろう
ここが大事な
ポイントだ
いただきます
まずは牛皿で
ご飯を半分
やっつける
残りのご飯に
牛皿の残り汁
を注ぎ…
もう一人の主役
生玉子を割り入れ
ここからは
玉子かけご飯を
味わうって訳だ
一回で2度美味しい
まるでランドとシー
つまり朝食の
共通パスではないか…
ハーイ
ボク牛皿
オイラは
玉子
どう？
何が共通パスだよ…
2ページも
使わないで
下さいよ…

次はワシの富士そばの番やでー
名代 富士そば
とにかく腹がへった…
ちょ、ちょっとストップ!!!
ページ数もあるので手短に……
そのパターンやめましょ…
残念
店によるけど朝はそばとカレー温泉玉子がセットでお得やでー
これに○○店ではさらに!!ほうれん草のおひたしで430円
おー、いいですね
さあ、松屋、富士そばどっち?!
どっちでも…好きな物食べたら
昔、そんなTVありましたね

他の仲間達もそれぞれ朝食にはこだわりありまして
すき家の玉子かけご飯
ひじきついてるし
マイカリー食堂
ゆで太郎
5コ入の菓子パンを曜日でローテーション
月 クリーム
火 あんこ
水 チョコ
木 ジャム
金 ピーナッツ
まいばすけっとの塩ムスビとカレーヌードル
皆こだわりは様々だが一つだけ共通する事が……
ワイワイ
500円以内ですませてるんです
僕もですが…

とにかく
腹がへった……

防犯カメラの話
ポストの上に鹿の剥製があるマンションがあった・・・・
久しぶりに見たなー
POST
ポスティングしてるとアナウンスが・・・・・
はみださないよう入れてねー
ビクッ
ほえー見た所わからないけどどっかに防犯カメラあるのかなー?
そうでーす
鹿の右目がカメラでーす
いや、ものすごく怖いんですけど!!
POS
10%

止めなさい!!
郵便物をぬきとる悪人もいるのでマンションのメールコーナーにはカメラ
カメラに写った映像を貼っているマンションも・・・
防犯の為・・・・
この男がぬきとり犯
10月30日 AM1:16
○○警察に手配中
新宿のマンションでは沢山の貼り出し画像が・・・
こんなにこのマンションで事件が!!!
貼ってあった画像はこんな感じ
この者
マンションのメールBOXから
Amazon商品を引きぬき窃盗

郵便ぬきとりの他にも・・・
マンション内に
不法投棄犯人
上記の者 当マンションのエントラン
8月29日 午前2:32にゴミを
こんなのも・・・・・
マンションエントランスにて
喫煙し、タバコをポイすてした男
さらには
マンションで立ちション!!
マンションメールコーナーで
立ちション犯
画像の下にはこんな文が・・・
マンション
立ちション
一ケ月以内に
謝罪に来ない場合は
モザイクをとり
局部を晒します
局部を晒す!?
一ケ月後行ってみたが局部は晒されてなかった
謝罪に来たんでしょうね
流石に局部は恥ずかしいよね

練馬区のアパートでは
ボロボロ
気がすすまないけども…ポストあるしなー
○○荘
入り口に
防犯カメラ？こんなボロアパートなのに？
あーよくあるダミーカメラか…
と思ったらカメラの下に貼り紙が…
いや、絶対ダミーでしょ
このカメラはダミーではない
このカメラはダミーではありません
よく見たら空巣対策か沢山のダミーカメラ
空巣許さ
24時間録画中
セコムしてますか？
なんなのこのアパート気持ち悪い!!

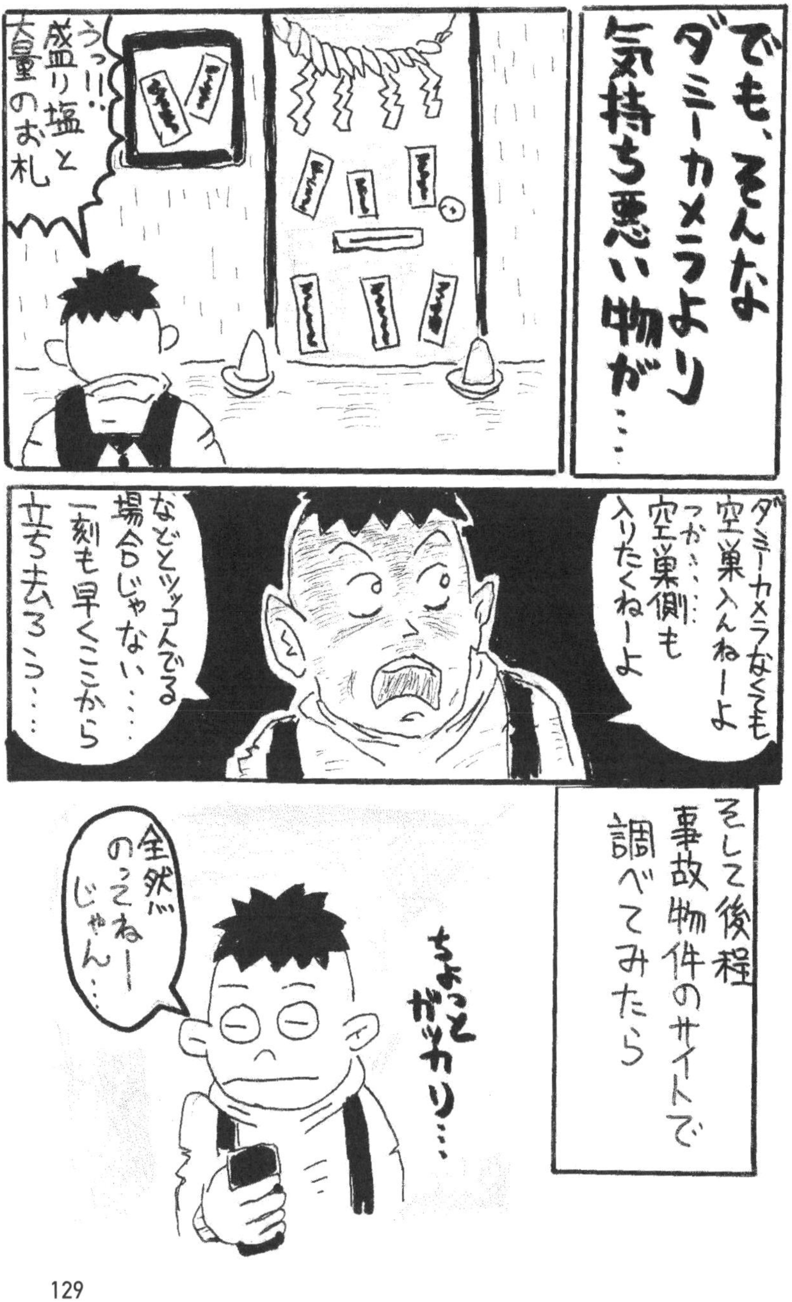

でも、そんなダミーカメラより気持ち悪い物が・・・
うっ!!大量の盛り塩とお札
ダミーカメラなくても空巣入んねーよ
つか・・・空巣側も入りたくねーよ
などとツッコんでる場合じゃない・・・一刻も早くここから立ち去ろう・・・
そして後程事故物件のサイトで調べてみたら
全然のってねーじゃん・・・
ちょっとガッカリ・・・

ミニオンズ
ぬいぐるみの
お腹が
防犯カメラ
でーす
なんか目じゃない
のがモヤっと
する……

区のお知らせの話
久しぶりに区からの仕事が来た……
○○区のお知らせを配ってねー
ハーイ
配るときは区のIDカードを下げて
○○区の腕章もつけて
○○区配達員
○○区
○○区のゼッケンもつけて配って下さい
注文多い区だな
○○区
○○区
最後に区の帽子をかぶるのも忘れずにー
放置自転車撤去の人みたいだ……
もしくはウォークラリー
○○区
○○区
○○区

さらに区の時は専用スマホも渡されます
○○区
全世帯配布なのでアプリのGPSで通った道を会社がチェックしてます
○○3丁目
区によっても違いますが今回のように色々徹底してる区は
スマホの待ち受け画面も○○区!!
○○区
○○CITY
つなごう明るい街
○○区配達
年代的にガラケーの人々もいるポスティング業界区の仕事の朝は・・・
スワイプというのはー指で画面を
スワッピング？
??
ここはスマホ教室かよ

たのむわー
僕、現場となりなんでわかんなくなったら声かけて下さいよ
で、現場でポスティングをする訳ですが
いつもと違うのは
コラーー!!!
チラシ入れるなこのバカタレがー!!!
あ、○○区のお知らせです
なんだとー
ありがとうおつかれ様
ニコニコ
この変わりよういつものチラシと同じ紙なのに…

普段はチラシ禁止のマンションにも行きます
ポストにチラシ入れたらダメなトコは置かせてもらいます
うちのマンションは60世帯なんで60枚ね
了解です
当たり前だが世帯数以上の枚数は置かない
普段なら絶対禁止の家のポストにも
全世帯配布だし…
区のお知らせ喜びそーにもないけど…
○○区ドロボー
税金のムダ
○○区長は国賊
○○区国賊
許さない

あ、ここもいつも禁止の高級マンション
ウィーン
スミマセーン
○○区ですがー
ハイ
ご用件は何でしょうか?・・
ラッセン
FRONT
さすが高級
管理室じゃなく
コンシェルジュ!!
区のお知らせ
ポスティングしてるんですが・・・
これです
すみません
ポスティングは出来ないんです

でしょうね、高級マンションですし
○○区
その場合世帯数分配らせてもらってるんですが
では、1枚だけお願いします
1枚？見た感じ100世帯はありそうですけど
ラッセン
はい、でも1枚で大丈夫です
うちは区のお知らせをスキャンしたのを住人の方のグループLINEに送っているんです
ラッセン
グ、グ、ググループLINEだぞー!?
ポスティング的に枚数へらねーし最悪…
○○区

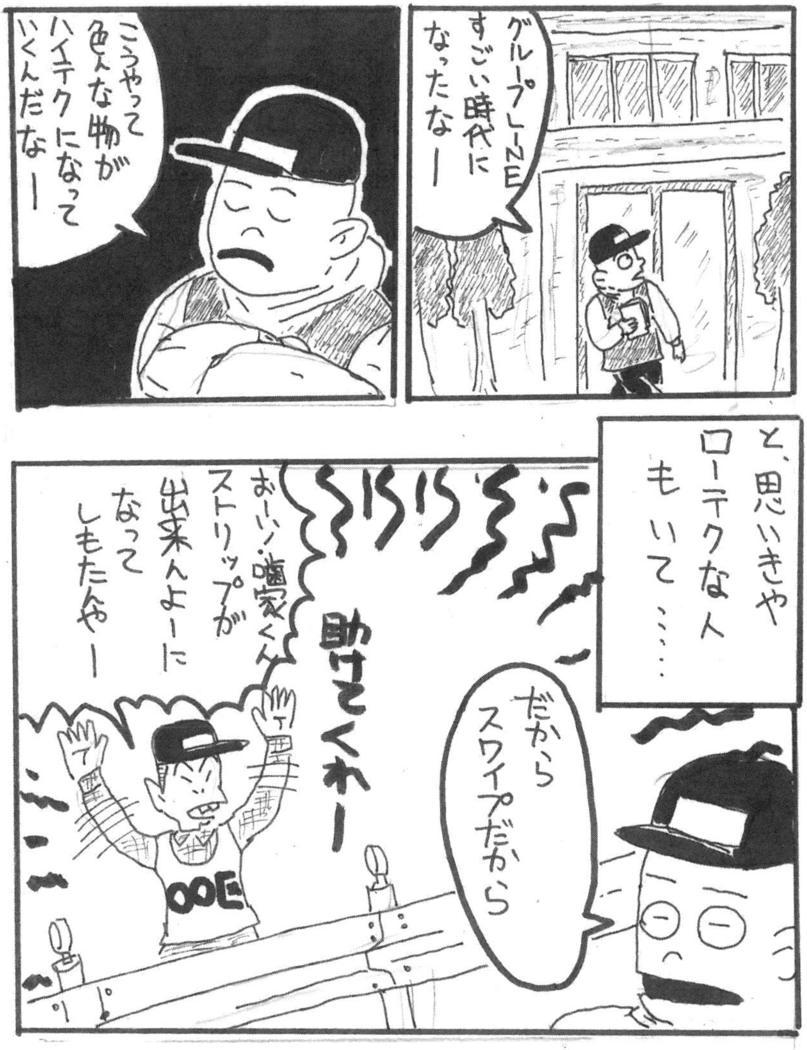
グループLINE すごい時代に なったなー
こうやって 色んな物が ハイテクになって いくんだなー
と、思いきや ローテクな人 もいて……
助けてくれー
おーい、噺家くん ストリップが 出来んよーに なってしもたんやー
だから スワイプだから

区のお知らせの話

漫画のように区のお知らせの仕事の時は指定された格好でポスティングするんです。
○○区、なんて書いてあるゼッケン着けると、なんか気分も区の職員みたいな気分になって。
心のコスプレ（笑）。

区のゼッケン着けてポスティングしてると、お年寄りから相談受けたりします。
「家の屋根にスズメバチが巣を作ってて、区で駆除してくんないか」
「都営住宅の団欒室が古くなってきたんで改装してくれないか」
「ハクビシンがゴミを食い散らかすんで捕獲してくれ」
いやいやいや、俺ただのポスティングバイトですから。
まあ、○○区ってゼッケンを着けてんで。
「すみません、私広報の者でして。○○のご相談ならば窓口は○○ですね。
そちらのほうにご相談ください」
なんてスマホで番号しらべて教えてあげたり。
いや、こっちも心のコスプレ中だから（笑）。
そりゃ親切ですよ。

他にも「○○区はどうなってんだ！」なんてお叱りを受けたり。
「すみませんねー」なんて。
そりゃ謝りますよ、心のコスプレ中なんで（笑）。

区の配布物の委託をやってるのはウチだけじゃなく、他所のポスティング会社もやってたりしまして。
こないだ見たのが、何処の会社の奴か知らないんすが、○○区ってバッチリ書いてあるゼッケン着けて道端で思いっきり立ちションしてて。
そこそこ人通りがあるとこで、通る人は思いっきし、しかめっ面で。
何処の会社の奴か知らないけどアナーキーなやつだよなあ。
ま、なかにはそんな奴いるから「○○区はどうなってんだ！」
とか叱りたい気持ちもわからんでもないですねー。

冬場の話
夏も大変ですが冬も大変でして
朝6時 気温2℃
会社まで全力で自転車1時間・・・
ピュー
ピュー
ぐわぁあー寒みーー
サミーデイビスJr
会社では冬場は毎日使いすてカイロをくれる
はい、今日のカイロ
どーも
つか、ホカロンとかじゃなく全く聞いた事ない名前のカイロなんですけど・・・
ポカポカ大魔王
どこで売ってんだろ・・・

カイロの他に冬場は軍手も必須アイテムです
イボ付のやつ…
ここの2本でチラシ配る
僕は右手の人指し指と親指の部分をカットそこに指サックをしています
配りやすい…
好きな軍手も人それぞれ
私はゴムのグリップタイプ
GRIP
今井くんはどんな軍手してるの?
自分はビジュアル系なんで軍手なんかしないすよー
これです
指さむくないの?
DAIGOがつけてるやつ!!

他にも冬場は寒さ対策が大事でして
ホレ…
ワシは下にヒートテックを3枚着てるでー
オレはユニクロダウンとニット帽
僕もニット帽ですー
ニットかぶってても風ふいたら、顔が寒いんですよねー
実はオレニット帽を改造してさ
風がつめたい時ニットをこう
これでポスティング
武装勢力みたい…
通報されますよ…

どれだけ対策してもやはり外は寒い……
ピュー
とくに雨の日冬場はきついなー
13時
3°C
15時
2°C
19時
0°C
21時
マイナス
2°C
雨は夜ふけ過ぎに雪へとかわるだろー
雪ー!!!!

毎年何回か東京でも大雪になる日があるが…
今日がその日!!
吹雪
ここは八甲田山なの?
雪でも配りきるまでポスティングはつづく
チクショーやったる!!やったるでー
バババババババ
指がかじかんで動かなければカイロであったため
ポカポカ大魔王パワー!!
シャカシャカ
指、うごくようにして入れにくいポストにもちゃんと投函
タテ型は入れにくい
寒さで口が動かなくても住人には
どーもチラシ配りですー
挨拶…

あ、どーもチラシ配り……
って雪ダルマやないかーい
寒さでテンションがおかしくなっていき
寒すぎて逆にハイになる
雪の降る夜は楽しいペチカー♪
イエー
ウヒョー
♪ろくでなしーいや吹雪だけにね♪ って いや いや うまいね どーも
ビュウウウ
うまくも面白くもない!!
それでもなんとかチラシ配り切り
体中ビショビショ最悪の気分

大雪の次の日は快晴だったりするものでこ
昨日はビショぬれでまいったなー
まぁ今日は快晴ぬれる事はないだろう
が、気温が上がり屋根からとけた雪が……
ドサササクサ〜
結局、今日もぬれるのかよ!!!

大魔王の
クセに
普通のカイロより
暖くないんだよなー

ポスティングと音の話

朝、会社仲間達との会話で
ワイのワイの

そー言えば噺家さんは疲れた時プロジェクトAを聴くんでしょ?
ポスティングハイの時ね…あ、それで言うとみんなはさー
ポスティング中何聴いてます?
音楽?
確かに聴いてる奴は多いよなー
意外に思うかもですが、自分はビジュアル系です
全然想定内なんだけど…
何でポーズとるの…

僕は音楽より ラジオ聴く方が 多いですね
ラジコで…
天気予報もやるしなー
オレはやっぱり落語だなー
ポスティングしながら大笑いなんだこれが
ワハハハ
完全に危ないおっさんですね
松田さんは何を聴くんですか？
ワシか？当ててみー
軍歌
春日八郎
競馬中継
ワシはどんなイメージやねん!!

ワシは音楽も
ラジオも聴かん
街の音を聴くんや
街の音?
鳥の声や
雨の音
風の音
はたまた
街の喧騒……
街の音は街の声
ポスティングは
街の音を
聴ける
仕事なんや
いきなり
スピリチュアル?
なにか
悪い物でも
食べました?
ヤバい
お薬とか
?
危ない
宗教に
入ったとか?
そんなん
ちゃうわ!!!
アハハハハ
チラシは大切に
もう10時よ…
どうでもいいけど
皆 そろそろ
現場に行ってねー

板橋
ITABASHI
豊玉

中宿
下落合

街の音か…
街の音ねぇ…
VIVO
ビンやカンの回収の音
ガシャン
ガシャン
工事現場の音…
ドカカカカカ
これ、楽しいのかなー
パトカーや救急車消防車のサイレン…
フォン、ガタター
踏切の音そして電車の音
大売出し
カンカンカンカン

5時に流れる夕焼け小焼け
♪チャチャチャチャ
チャチうううう
○×公園
動物達の鳴き声
ナーゴ
夜は飲み屋の呼び込みの声
青い猫
ヤキトリ
ラッシャイ
バー
SWAMP
ちろり
アハハハ
楽しそうに笑う酔っぱらいの声
おでん
営業中
なるほど…街には無限の音がある
もう一軒いこー
当たり前だけどそれは生活の音だ 今、この瞬間、この場所にしかない音 街の音は、そんな暮らしの音のアンサンブルなんだ!!!

だからチラシをポストに入れる
ストン
これも生活の音
ドーン
に、してもアンサンブルは言いすぎか……
街の音悪くないなー
あ、花火!!!
これも街の音だ
そう言えばコロナで花火久しぶりに見たなー
僕のバイトはポスティング

街の音を聴ける仕事やってます
ドーン
ドーン
ドドーン

あとがき

この度は僕の漫画を読んでいただき、ありがとうございます。
正真正銘、噛家坊漫画の処女作。下手なりに一生懸命描きました。
本編では描いた時期をランダムに収録していますが、特に初期の頃描いた絵のクオリティたるや。小学生がチラシの裏に描いた絵じゃないんだから。パースも狂いまくりだし。
「でもそれがー、僕なりのキュビスム！」
なんて、いい風に言ってるんじゃないよって話なんですが、衝動だけで描いた感じで。お！ なんかこう言うとパンクロックみたいでカッコいいな。
つまり、ただ下手くそなんです。
それでもですね、後半は少し画力が上がってきたんです！ これでもかよ？ って声が聞こえてきそうではありますが。
舞台の後、稽古の後、夜な夜な描いた漫画でございます。
読んでいただいて、少しでも面白いと思っていただけたら、感謝感激雨アラレでございます。

22年間ポスティングをやってきて、まさかその話が本になるとは思ってもみませんでした。
実にニッチな世界の話。
だって世の中には様々な仕事がありまして。大体どの仕事にも業界誌があるじゃないですか。園芸業界にも、建設業界にも、『月刊住職』なんてのも。
なのにポスティングにいたっては業界誌どころか、ネットのサイトすらほとんどない状態。つまりポスティングに関する情報がほとんどないんですね。まあ世間がそれほど興味を持ってないからかもしれませんが(笑)。
じゃ、その話を漫画で描いてみるかというところから始まりました。

この本がポスティング初の業界紙誕生につながれば!!
いや、そんな訳ないんですが。世間から謎のバイトと思われてるポスティングの事をわかっていただけたら幸いです。
同業者の方にも読んでいただけたら嬉しい限りでございます!
「わかるわー」「あそこの管理人、嫌な奴だよなー」「夏は地獄だよねー」などなど、全国津々浦々のポスティンガーの皆様の感想をお聞かせいただけたらと思う次第であります。
勿論、ポスティンガー以外の皆様のお声もお聞かせ下さいませませ。

最後にこの本を出版するにあたり大変お世話になりました、K&Bパブリッシャーズの鬼頭さん、ギンティ小林さん。
原稿の遅い僕の尻を叩き続けてくれたマネージャーの三岡さん。
宣伝動画の聞き役をやってくれた仲間、哀ちゃん。
そして、解説文を書いていただいた僕の師でワハハ本舗演出家、喰始さん。
そしてこの本を手に取って下さった皆々様。
本当にありがとうございました!!
またどこぞで噺家が漫画描いていたら、「相変わらず下手くそだなー」なんて読んでいただけましたら幸いです。
芸人で売れるまでポスティングを続けます。
って、それじゃ一生ポスティングじゃねーかよ。

噛家坊は、天才であると思い込んでいた。
噛家の本業はお笑い芸人。
今はピン芸人と役者の掛け持ちだが、昔は「ミサイル」という名前でコンビを組んでいた。
相方の髪型はモヒカンで自分はスキンヘッド。
芸風はショートコント。ひとつのコントが10秒足らずで、ウケようがウケなかろうがギャグを連発していくスタイル。
いわゆる攻めるタイプである。
世間に認められないのは、自分が天才だから、だと思っていた。
自分のギャグを認めない先輩芸人や、（当時の）所属事務所の悪口を堂々と言っていた。
それが、私と出会って変わった。
私がそれ以上の天才だったからだ。私は「ゲバゲバ90分」「カリキュラマシーン」といった伝説のギャグ番組を手がけている。
私の天才ぶりは高田文夫が認めている。
「喰始、あいつは別格。喰始は天才、大天才。あいつが今でも放送作家をやっていたら、テレビはもう少し進化してただろうね」と。

いけない、私の事ではなく噛家だ。
とにかく、天狗の鼻を折られた噛家はコンビを解散し、ピン芸人になり、事務所も変わり、ワハハ本舗所属になった。
芸名も「ミサイル坊主」改め「噛家坊」になった。
名づけたのは私である。華道の大家・池坊専慶にあやかって噛家（茶道の裏千家とごっちゃになっている）、それに坊主の坊を残して噛家坊。

噛家としたのは当時の芸風が漫才コンビのウエストランドのように、業界に世間に噛みつくモノだったからだ。
最近は、大人になったというか、丸くなったというか、酒を飲んでもからんでこなくなったが、昔は酷かった。
酔っぱらった噛家と電車で帰る途中の事、眠っていた噛家が突然話しかけてきた。
「あんた、誰だよ」
「喰始だよ」
「喰始……つまんねぇんだよ、あいつは!」
「噛家、誰に向かって話してるか分かってるのか」
「知らねえよ、とにかくつまんねぇんだよ。喰始は」
——そんな噛家が本を出すという。それも漫画の本を。それもギャグ漫画ではない。
自分のバイト生活を赤裸々に描いたノンフィクション・エッセイ漫画。
どうしちまったんだ噛家坊!?
カラテカ・矢部太郎のベストセラー漫画『大家さんと僕』を狙ってるのだろうが、お笑いと同じく、そんなに甘くはないぞ、漫画は。
「いやいや、そんな事考えてませんよ。自分はガロ派ですから」
ガロ派というのは、昭和の漫画雑誌「ガロ」に掲載されていたアングラ系の漫画家達を指す。作品内容に文句を出されないが原稿料はゼロ、「ガロ」は良くも悪くもユニークな漫画雑誌だった。
噛家が「ガロ」を知っていたとは。確かに画風はアマチュアの域を超えていない。タッチも荒い、絵も汚い、内容も薄い。いけない、こんなダメ出しを読まされたんじゃ、本を買う気にならないぞ。
いいか、買ってなきゃ、読んでないだろうから。
最後に私からのお願い。噛家くん、貴方のお笑いネタ作りと同じく、次の漫画は私もかませて下さい。私は大の漫画ファンなのです。子供時代は漫画家になるのが夢だったのです。
いけない、最後も自分の事になった。

著者プロフィール

噛家坊（かみや　ぼう）

1974年生まれ。福岡県出身。
ワハハ本舗内若手集団「大江戸ワハハ本舗・娯楽座」所属の芸人であり役者。
ピンでの漫談のほか、漫才や役者などマルチに活動をしている。

協力　ワハハ本舗

ポスティングバイト芸人

2023年 6月 8日　初版第1刷発行

著　者　噛家坊
発行者　河村季里
発行所　K&Bパブリッシャーズ
〒101-0054　東京都千代田区神田錦町2-7 戸田ビル3F
電話 03-3294-2771　FAX 03-3294-2772
E-Mail　info@kb-p.co.jp
URL　http://www.kb-p.co.jp

印刷・製本　中央精版印刷株式会社

ISBN978-4-902800-88-3　C0095

K&B
PUBLISHERS